Lb 45
664

CONSIDÉRATIONS

SUR

LA LIBERTÉ DE LA PRESSE,

ET RÉFUTATION

De quelques-unes des Apologies qu'on en a faites;

Par M. Jh. de T......

 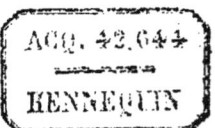

PRIX : 75 CENTIMES.

PARIS,

SE TROUVE CHEZ LES MARCHANDS DE NOUVEAUTÉS.

DE L'IMPRIMERIE D'ÉVERAT, RUE DU CADRAN, N°. 16.

AN 1814.

AVERTISSEMENT.

Cet écrit ne doit sa naissance qu'à la multiplicité des ouvrages qui soutiennent l'opinion contraire. L'auteur ne s'est point nommé; non qu'il *désavoue* son travail (ses amis auxquels il en a remis les exemplaires, savent le contraire), mais parce qu'il n'est point homme de lettres; qu'il n'a jamais rien publié; que par conséquent, son nom n'ajouteroit aucun intérêt à l'ouvrage; enfin parce que, malgré la confiance qu'il a dans l'excellence de sa cause, il n'a ni le temps ni l'envie d'en soutenir une guerre polémique. L'auteur réclame l'indulgence, en faveur de ses intentions, pour les imperfections inséparables de son peu d'habitude d'écrire, et de la rapidité de son travail, fait en deux jours, et qu'à peine il a eu le temps de relire. On pourra y trouver de l'incorrection et de la langueur dans le style, de l'absolu dans les idées, du vague dans les raisonnemens : on n'y trouvera que les sentimens d'un honnête homme et d'un bon citoyen.

CONSIDÉRATIONS

SUR

LA LIBERTÉ DE LA PRESSE,

ET

Réfutation de quelques-unes des Apologies qu'on en a faites.

Une question politique de la plus haute importance, s'agite en ce moment dans la Chambre des députés, et partage le public. Il s'agit de savoir si l'on établira la liberté absolue d'émettre et de publier ses opinions sur tout ce qui intéresse l'ordre public ; ou si la loi imposera certaines restrictions à cette liberté. Un grand nombre de brochures et d'articles de journaux, ont déjà paru sur cet objet. Nous avons examiné quatre de ces brochures, savoir : deux lettres de M. J. B. A. S., le discours prononcé à la Chambre, par M. Durbach, et un petit ouvrage, fort remarquable, de M. B. Constant. Il nous a paru que M. S., dans sa première lettre, penche, par sentiment et par goût, pour la liberté de la presse ; mais que, reconnoissant dans les abus de cette liberté de très-grands dangers, il n'a pas osé se déclarer ouvertement, et que pour ne pas se charger d'une responsabilité morale qui l'effraye, il a préféré laisser la question indécise. Dans sa seconde lettre, cette considération des suites graves que peut entraîner la liberté de la presse, prend un tel empire sur son esprit, qu'il n'hésite pas à y renoncer pour un temps, et à déclarer que l'état d'agitation où se trouve la France, mal remise encore de tant de secousses, ne permet point qu'on mette en usage, pour le moment, une mesure qui pourra d'ailleurs devenir fort utile, lorsque la nation sera légitimement et définitivement représentée. Nous ne dirons rien en conséquence de ces deux lettres, qui se recommandent par la modération, l'esprit d'ordre et la pureté des intentions de l'auteur. Nous ne dirons pas grand'chose non plus du discours de M. Durbach, morceau d'éloquence, rempli de déclamation et vide de raisons, et qui, malgré quelques tournures oratoires, nous a paru, par l'absence de vues et de logique, d'une inanité complette. Nous avouerons que la brochure de M. Benjamin de Constant, nous a paru d'une toute autre force ; qu'on y trouve une foule d'aperçus très-fins, et une logique si pressante et si déliée, que nous n'eussions jamais eu la pensée de nous mesurer avec lui, si quelqu'autre athlète s'étoit présenté dans l'arène à notre place, et si les points foibles, les assertions hasardées, les raisons plus spécieuses que solides que nous y avons remarqués, ne nous avoient pas convaincus de la bonté de notre cause.

Nous commencerons par établir que la liberté de la presse n'est point, comme on le dit, pour les peuples, un droit *absolu et nécessaire*, et qu'en particulier elle n'existe pour les Français, que d'une certaine manière, et en vertu d'une concession libre du Roi. « Bien que » l'autorité, est-il dit dans le considérant de la charte » constitutionnelle, réside en France dans la personne » du Roi, etc. » Et plus bas : « A ces causes, nous

» avons volontairement, et par le libre exercice de notre
» autorité Royale, accordé et accordons, fait conces-
» sion et octroi à nos sujets, etc. »

L'article 8 de la charte est ainsi conçu : « Les Fran-
» çais ont le droit de publier et de faire imprimer leurs
» opinions, en se conformant aux lois qui doivent
» *réprimer* les abus de cette liberté. »

Aujourd'hui le Roi propose la loi qui doit réprimer ces abus. Cette loi dispose que les ouvrages d'une certaine classe, seront soumis, avant l'impression, à une censure. Cette disposition détruit-elle, comme elle la limite, la faculté d'imprimer ses opinions, et est-elle de cette manière en contradiction avec la charte ? C'est ce que nous allons tacher d'éclaircir.

Nous ne nous arrêterons pas à prouver que la déclaration du 2 mai, ne contrarie nullement le projet de loi. En effet, dans cette déclaration, il est question de PRÉCAUTIONS *nécessaires à la tranquillité publique*. Des précautions sont nécessairement préventives, et s'appliquent, par avance, pour empêcher un mal dont on est menacé.

Maintenant, examinons la charte.

Réprimer, a-t-on dit, n'est pas *prévenir*. Une censure préalable seroit un moyen préventif, appliqué avant le délit, et par conséquent inconstitutionnel. Ici nous sommes obligés d'élever une question grammaticale sur le sens et la valeur du mot *réprimer*. Nous avons consulté plusieurs dictionnaires et nous y avons trouvé qu'il signifie *retenir, empêcher, appaiser, modérer, contenir, tenir en bride, arrêter, éteindre, étouffer, abattre, rabattre, rabaisser, empêcher de faire des progrès*, etc.

Que la plupart de ces traductions supposent l'abus ayant commencé à exister, le délit ayant déjà un commencement d'exécution, nous ne le nierons pas ; mais presque toutes supposent le remède appliqué avant la consommation du mal. Si le Roi avoit voulu seulement entendre, par la répression de l'abus, la punition du délit qu'il occasionne ; il se seroit servi du terme de *punir*, qui est d'un sens si clair et si précis, que nul autre mot ne peut le remplacer dans notre langue. Mais c'est précisément parce qu'il a voulu que la charte réservât les moyens d'arrêter le mal dès qu'il se manifeste, et les moyens de le punir quand il n'a pu être empêché, qu'il a employé l'expression de réprimer, expression qui est évidemment collective des deux autres. C'est vainement qu'on objecteroit qu'on ne peut pas réprimer le délit avant qu'il soit commis. Lorsqu'un auteur présente à la censure un ouvrage dangereux ; le délit que la loi auroit à punir après la publication de l'ouvrage, existe déjà, sinon dans toutes ses circonstances, du moins dans un commencement d'exécution. Il existe dans l'intention de l'auteur ; il existe dans le résultat de son travail et dans la volonté avouée de parfaire l'accomplissement de son action. Dans toute autre espèce, le coupable seroit puni pour le commencement d'action, comme pour l'action complette. Ici la loi l'épargne et ne le punit pas ; mais elle réprime sa méchanceté en lui ôtant la possibilité de la porter au comble, et en lui arrachant l'instrument dont il s'est armé. Le poison est préparé ; il est sur les lèvres de la victime. Y a-t-il de l'arbitraire à l'empêcher d'en épuiser la coupe ? Borner le droit de réprimer le délit au seul droit de le punir après sa consommation, c'est défendre à l'autorité d'arracher des mains d'un misérable le fer qu'il tient levé pour en frapper son semblable, sous le ridicule prétexte, que le coup n'est point encore porté, et que la loi ne punit que le mal commis.

Après avoir prouvé que l'établissement de la censure préalable n'est point inconstitutionnel et subversif d'une concession que la charte n'a faite qu'à un certain dégré; nous allons examiner si la liberté illimitée de la presse offre tous les avantages qu'on semble s'en promettre; et si elle ne donneroit point lieu à des inconvéniens suffisans pour la faire entièrement rejeter.

On attache généralement, dans ce siècle, une grande importance à l'instruction du peuple. S'il existoit réellement un moyen de lui donner des lumières suffisantes pour conduire sa raison d'une manière sûre, à travers les hautes questions auxquelles on veut lui faire prendre part; nous serions de cet avis. Mais, indépendamment des sots, nous voyons dans le monde trop de gens d'esprit, qui ont fait leurs études, qui ont fréquenté les Collèges et les Athénées, et qui n'ont pas le sens commun, pour n'être pas convaincus, qu'en faisant beaucoup lire le peuple, on n'aboutira qu'à lui ôter son bon sens. L'instruction du peuple c'est la morale. Qu'il soit pieux et qu'il travaille, et il sera savant de la science qui lui convient, c'est-à-dire vertueux. Un bon curé vaut mieux pour lui et fera plus de bons sujets que des Accadémies. Les 19 vingtièmes de la population en Europe n'ont pas besoin de disserter, mais de travailler; il y a parconséquent 20 fois plus d'inconvéniens que d'avantages à appeler tous les individus à toutes les lumières. N'avons nous pas vu naguères nos places et nos quais, couverts d'ouvriers oisifs qui s'y rassembloient pour y lire les bulletins? Ces parties politiques finissoient ordinairement par des parties de cabaret, à la suite desquelles ces gens rentroient chez eux ivres, imbus de toutes les fausses directions qu'on leur avoit données, et non sans commettre souvent des désordres. Qu'en résultoit-il d'avantageux pour l'état? On nous citera l'Angleterre.

Nous répondrons qu'en Angleterre on boit de la bierre, et que malgré que cette boisson tende à rendre plus calmes encore des têtes déjà froides par nature, l'autorité est sans cesse obligée d'intervenir pour contenir les attroupemens d'ouvriers fainéans et mutinés. Maintenant nous le demandons, qu'un homme armé d'un pamphlet dans lequel on excite à la sédition en flattant la passion du moment, paroisse dans une telle assemblée; quels graves inconvénients ne peut-il pas en résulter ? Et si l'autorité parvient à parer le coup, sera-t-on quitte de tout reproche pour s'être mis dans la necessité de punir et l'auteur et ses dupes. On nous objectera, que dans le système de la censure, la même chose pourroit arriver par la lecture d'un manuscrit: non; car, observons le bien, c'est la libre publication qui entraine la libre lecture. Et d'ailleurs les préparations indispensables pour amener le peuple à une action immédiate, ne pourroient être faites que par des écrits successifs que la censure arrête dès qu'ils commencent à devenir dangereux.

Si, de la classe inférieure de la société, nous nous élevons à celle que forment les gens de goût, de jugement et d'esprit; nous ne supposerons pas qu'elle puisse regretter des rapsodies pernicieuses de l'espèce de celles que proscrira la censure. Si elle les lisoit, elle les jugeroit, et leur effet seroit manqué; mais elle pourroit tout au plus les ouvrir et ne les liroit point.

Il est une classe intermédiaire qui se compose des personnes de tous les rangs, qui ont reçu l'espèce d'instruction que l'on donne odinairement en France; c'est-à-dire, qui savent de tout un peu, et ne savent rien, qui n'ont de principe bien assis sur aucun point, et auxquelles leur aisance permet de vivre dans une certaine oisiveté. Les individus de cette classe reçoivent toutes leurs idées et les transmettent, chacun dans son cercle d'activité, à la classe inférieure. C'est ici que l'on trouve préventions, légèreté, inconséquence, absence totale ou au moins inertie de jugement. C'est par les personnes qui la composent que l'on voit tous les bruits accueillis, toutes les idées reçues, tous les sophismes épousés, toutes les matières discutées avec d'autant plus de chaleur qu'elles s'y entendent moins. C'est chez elles sur-tout qu'une plaisanterie, qu'un bon mot décide souvent la question la plus importante, ou détruit la réputation la mieux méritée. C'est pour cette classe particulièrement qu'il faut que la censure soit vigilante ; car c'est elle qui fait, à proprement parler, ou qui créé immédiatement l'opinion publique. (1)

Gardez-vous de laisser répandre parmi ces personnes des paradoxes hardis, des doctrines pernicieuses sur la religion, sur la morale, sur la société. S'ils sont séditieux, ils passeront pour l'œuvre d'un grand courage, d'un génie indépendant ; s'ils sont futiles et badins, ils charmeront et passeront en proverbe. Ce sont les beaux caractères qui perfectionnent et ennoblissent la société. La plupart des hommes n'en ont pas ; mais l'habitude leur en tient lieu. On bouleversera toutes ces têtes, si on permet l'émission de mille doctrines contradictoires, et on leur ôtera jus-

---

(1) Le lecteur qui, d'après la peinture franche que nous faisons des défauts d'une portion de notre nation, supposeroit que nous ne nous félicitons pas de lui appartenir, seroit dans une grande erreur. Nous aimons les Français et estimons leur caractère. Si nous ne trouvons pas tout également bon chez eux, dans ce qui est acquis ; nous les croyons supérieurs aux autres peuples, dans ce qui est inné. Nous avons dû insister sur des imperfections qui les rendent peu propres à profiter du cadeau qu'on veut leur faire ; mais qui ajoutent souvent à leurs agrémens, et sont peut-être inséparables de leurs bonnes qualités.

qu'à l'entendement de la conscience. Le Français a besoin d'aimer ses institutions. Quand on l'a détourné de cet amour, il s'est trouvé sans boussole, et s'est égaré sur un océan d'absurdités et de folies.

On a dit qu'en Angleterre l'esprit public a été créé par la liberté de la presse et par la controverse qu'elle a établie. C'est, proprement dit, mettre la charrue avant les bœufs. C'est au contraire parce qu'il y a beaucoup d'esprit public, que cette controverse n'est pas dangereuse. L'esprit public des Anglais provient de plusieurs causes dont les principales sont, dans l'ordre physique, leur isolement et l'avantage qu'ils ont de ne voir jamais leur pays foulé par des armées étrangères (1); et, dans l'ordre moral, la masse de lumières répandue dans la société. Ce n'est point à la quantité des écrits politiques qu'il faut attribuer ces lumières, mais à l'éducation forte et substantielle que reçoivent les Anglais. Une étude approfondie des sciences du raisonnement, du droit public et de l'éloquence, est nécessaire aux discussions parlementaires, par lesquelles la majeure partie des personnes aisées ambitionnent de se faire un nom; et le caractère national favorise merveilleusement le développement de ces connoissances. Bien qu'on ait traité de sophisme cette assertion, sans doute parce qu'il est difficile d'y répondre, nous la répéterons ici : la différence de climat et de nourriture, influe prodigieusement sur le caractère et les dispositions des peuples. En France, même, où les nuances sont plus

---

(1) Les Allemands, dont les dispositions naturelles sont assez semblables à celles des Anglais, ont peu d'esprit public, surtout ceux des bords du Rhin, parce que leurs communications sont plus fréquentes, et que leur pays est le théâtre de presque toutes les guerres.

douces, il y a une extrême dissemblance entre les habitans des diverses provinces.

L'Anglais est froid, patient, calculateur, raisonneur profond. Le Français n'est rien de tout cela. Vif, impatient, léger, il embrasse tout avec ardeur et s'en dégoute à la première difficulté. Attachant tour-à-tour de l'importance aux choses les plus futiles, et se jouant des choses les plus graves ; ce qui l'ébranle, c'est la nouveauté ; ce qui l'attache, c'est le plaisir ; ce qui le convainc, c'est un bon mot. Avec ces dispositions, il est impossible que la masse de la société soit jamais très-instruite en France, parce qu'on ne peut acquérir cette instruction que par la lecture d'ouvrages sérieux, que l'on ferme s'ils ennuient, que l'on jette si quelqu'un en raille. On ne verra jamais en France, comme en Angleterre et en Allemagne, une assemblée nombreuse composée de gens de tout âge, se réunir librement, sans autre motif qu'une savante curiosité, pour venir entendre tous les jours les leçons d'une métaphysique transcendante. Tout au contraire, nous croyons que le nombre des individus de la génération présente, qui ont fait un simple cours de logique, est infiniment petit. Aussi ne sont-ce pas les ouvrages graves et raisonnés que nous redoutons ; on ne les lira guères : ce sont ceux qui assaisonnent une doctrine perverse, avec le sel de la plaisanterie, et qui versent le ridicule à pleines mains sur les choses les plus respectables et les plus nécessaires. Si cependant nous étions assez heureux pour nous être trompés ; si cette instruction que nous n'espérons pas, venoit à se manifester parmi nous ; si notre éternelle envie de rire venoit à se calmer, nous n'hésiterions pas à retirer nos objections contre la liberté de la presse, et à y reconnoître même quelques avantages.

C'est, dit M. Durbach (1), en portant ATTEINTE A LA LIBERTÉ DE LA PRESSE, *que les destructeurs de cette monarchie ont imposé silence à celte majorité saine et nombreuse, qui vouloit jouir sous ses rois d'une sage liberté.*

Si la France eût joui de la liberté de la presse, ses protestations eussent arraché Louis XVI. à l'échafaud;

---

(1) M. Durbach entre ainsi en matière : » Je ne m'arrêterai » pas, Messieurs, à vous développer, je ne dirai pas les avantages, » mais l'indispensable nécessité de la libre manifestation des opi- » nions dans tout pays qui ne se résigne pas à un asservissement » complet. »

Il nous semble que cette question valoit bien la peine que l'Orateur s'y arrêtât, car c'est précisément le point en discussion et l'objet qu'il se propose d'établir. Cette manière de poser en principe le fond même de la controverse, est extrêmement commode. Elle dispense des frais d'une démonstration, et, moyennant quelques figures de réthorique sur les accessoires, on a l'air d'avoir rempli la tâche que l'on s'étoit donnée. C'est la manière de tous les sophistes.

Nous nous permettrons de relever ici une petite erreur consignée dans le discours de M. Durbach. Il a dit à la Chambre des Députés, le 30 Juin : » Voici ce qui m'est personnellement arrivé » ce matin. Mon Libraire m'instruit, par une lettre, de la saisie « qui a été faite chez lui, d'un petit écrit de ma composition, que « vous connoissez tous, et qui est intitulé : *Encore un mot sur* » *la Constitution.* Un tel acte est évidemment contraire à la » Charte constitutionnelle.

Or nous prions le Lecteur impartial d'observer que son livre est daté du 18 mai ; que la saisie en a été faite par ce seul motif que, conformément aux règlements existants, la déclaration n'en avoit pas été faite; que cette saisie a eu lieu le 30 mai, et non pas le matin du 30 juin ou la veille, comme il le donne à entendre; et qu'enfin il y a quelque légèreté à présenter un acte conforme aux règlements existants, et antérieur de six jours à la Charte constitutionnelle, comme un attentat à cette Charte. Nous engageons M. Durbach à se méfier de son Libraire, car nous ne supposons pas qu'il ait voulu mistifier la Chambre et le Public.

elles eussent retenu Buonaparte dans les bornes de la modération ; elles eussent empêché la guerre d'Espagne, et celle de Russie.

Il faut le dire franchement, tout ici est sophisme ; tout contrarie les idees reçues et les faits les plus incontestables. C'est au contraire par la coupable condescendance de la censure avant la révolution, et par l'abus de la presse qui en est résulté, qu'on a entraîné dans l'abyme cette France, si belle alors et si heureuse. L'aisance, fruit du commerce et de l'industrie toujours croissants en Europe depuis la decouverte du nouveau monde, s'étoit tellement répandue dans la société, que le moindre artisan des villes, et le villageois sous son toît de chaume, jouissoient le plus souvent de plus de commodités que n'en connoissoient les princes et les grand seigneurs du 14e ou du 15e siècle. De grandes fortunes s'etoient formées dans toutes les classes de la société ; on en jouissoit en paix, mais cela ne pouvoit suffire ; et quand l'homme possède un bien, il en veut un autre. Les riches, qui ne faisoient point partie de la classe privilégiée, ambitionnèrent les places, les dignités, les honneurs : ne pouvant les obtenir, ils les décrièrent ; et l'on vit naitre du bien etrê-même de l'etat, des ambitions et des rivalités inconnues jusqu'alors. Cependant, à côté de ce premier moyen de dissolution, s'élevoit la trop fameuse philosophie moderne. Ses sectateurs, timides dès le principe, cherchèrent bientôt des partisans et firent des dupes jusque sur les marches du trône.

Nous ne dirons rien de toutes les monstruosités qui furent professées par eux, dans un temps où une inquiétante fermentation se manifestoit dans la société. Il est constant qu'elles ont troublé toutes les têtes, bouleversé toutes les idées, dénaturé tous les principes, effacé de tous les cœurs le sentiment du juste et de l'injuste ; et qu'elles nous ont mené à un chaos intellectuel et moral qui devoit entraîner le chaos politique.

Cependant, il existoit alors une censure, mais elle sommeilloit comme le Gouvernement. Doit-on en conclure que la censure est insuffisante pour prévenir les abus de la presse ? Non ; car alors, nous pourrions répondre aux ennemis de la censure, qu'à plus forte raison, les écrits sages et modérés n'auront rien à en redouter. Mais, il faut poser en fait que, lorsque l'erreur est répétée chaque matin par mille trompettes, et présentée sous toutes les formes, on finit par s'y accoutumer, par la recevoir comme si elle étoit vérité, ou au moins comme sans conséquence ; et les effets qu'elle opère sont tellement miraculeux, que les sages même s'égarent, et que *les justes sont ébranlés.* C'est ainsi, seulement, que nous pouvons expliquer cette déplorable condescendance du Gouvernement, qui, au lieu d'une liberté sagement circonscrite, laissa à la presse une licence sans mesure.

Ce qui est incontestable, c'est qu'avant la révolution, la liberté de la presse illimitée existoit de fait en France. Qu'on nous explique donc comment, avec toutes les forces préservatrices qu'on lui accorde, elle ne sauva point la chose publique, elle n'en suspendit pas même un seul instant la chûte. Les bons principes ne manquèrent pourtant point, avant ni pendant cette époque, de défenseurs éloquens et courageux. Si la religion, l'état, le trône, furent vigoureusement attaqués, ils furent généreusement défendus. Mais ce ne pouvoit être que par des raisonnemens, et ce n'est guères en France, et surtout dans ces temps de fermentation, que l'on écoute et que l'on pèse les raisons. Une plaisanterie, un sarcasme, suffisent parmi vous pour légitimer un sophisme nouveau, et le faire triompher d'une vérité banale. On s'avança dans le labyrinthe révolutionnaire de folies en folies, sans écouter la voix de ceux qui crioient que bientôt on y marcheroit de crimes en crimes ; et lorsqu'on eût touché cette région d'opprobre et de douleur, il n'étoit plus temps de reculer : la nation entière se trouvoit dans les rêts du Minotaure. Sans doute, que lorsque la France frappée d'épouvante vit se dresser l'échafaud sur lequel on se préparoit à consommer le plus exécrable des attentats, s'il eût été permis de dissiper sa stupeur par un appel à ses antiques vertus, à son noble attachement, à sa généreuse tendresse pour ses Rois, peut-être eût-on épargné à son front une tache éternelle et ineffaçable. Mais c'est ici que se voit toute la foiblesse de cette fameuse institution de la liberté de la presse. Trop efficace pour inquiéter, pour miner, pour détruire même un Gouvernement doux et modéré, elle est sans moyens contre la tyrannie, parce que les bayonnettes font peur à tout le monde, même aux auteurs ; et que la première chose que fait un tyran, c'est de s'assurer de cet *argument irrésistible*. Pour qu'un homme se décide à devenir le bourreau de son pays, il faut qu'il ait le cœur cuirassé d'un triple airain, contre tout ce que les autres hommes respectent. Il faut qu'il joigne, à une effrayante manie de domination, une volonté d'une opiniâtreté et d'une intensité à toute épreuve. Croit-on que des constitutions, que des lois, puissent l'arrêter ? N'est-il pas d'avance résolu à tous les crimes, pour favoriser ses desseins ? On parle, il fait fusiller ; et comme l'on sait qu'il en agira de même avec quiconque osera s'en plaindre, on se tait. N'est-ce pas une dérision de nous dire que Buonaparte n'eût pas fait les guerres d'Espagne et de Russie, si la liberté de la presse eût été en vigueur ? Non, sans doute ; mais pourquoi ? N'est-ce pas bien plutôt parce qu'il n'auroit pas été homme à tenter ces déplorables expéditions, s'il eût été

2

capable de supporter un frein quelconque, et surtout la liberté de la presse. Au reste, elle existoit cette liberté, au moins sur le papier ; elle avoit ses conservateurs dans le Sénat, et ce n'est qu'en 1810 que le décret sur les impressions l'a formellement abrogée. Pourquoi depuis 1800 jusqu'au 5 février 1810, n'a-t-il paru que des écrits à sa louange ? A-t-il donc été juste et humain pendant dix ans ? S'il n'y a pas eu de réclamation, s'il en a été fait sans qu'elles aient été écoutées, n'est-il pas évident qu'un pareil homme sait toujours se débarasser d'une pareille entrave ?

Nous observerons, avant de terminer cet article, que ce n'est point au désordre des finances qu'on doit attribuer la révolution, comme l'avance M. B. de Constant, mais à la licence de la presse. C'est elle qui, par la révolution des mœurs et des idées, avoit préparé celle des choses dont le mauvais état des finances ne fut que le prétexte immédiat. Les révolutions ne se font pas si brusquement et doivent venir de plus loin. On nous engage à imiter les Anglais, n'ayant imité, dit-on, que de petites démocraties orageuses et n'ayant pas à nous louer de l'originalité de nos tentatives. Il est commode de prendre ainsi la question au point où elle présente quelques apparences de preuves, et de faire abstraction de toutes les autres considérations : ce n'est pas là notre méthode. Nous aimons à remonter à la source des évènemens, aux causes premières ; et à les juger sur leurs résultats. C'est ainsi que, dans l'objet qui nous occupe, nous rappellerons que la révolution n'a eu lieu que dans le dessein d'imiter les Anglais ; que c'est en leur nom et leur constitution à la main, que nous avons débuté dans cette effroyable carrière. Voudroit-on nous la faire parcourir de nouveau ; et l'expérience du passé ne suffit-elle pas pour nous apprendre à juger la valeur de ces entreprises ?

Après les Anglais, on nous cite les Prussiens et Frédéric. Qu'est-il résulté de la tolérance de ce prince en fait d'opinions? Qu'il a lui-même perdu la monarchie qu'il avoit fondée. Lorsque ses successeurs limitèrent la liberté de la presse, c'est qu'ils en avoient reconnu l'abus; mais il n'étoit plus temps, et l'héritage de Frédéric étoit attaqué d'une dissolution complète. L'égoïsme, l'oubli des devoirs envers Dieu, la Patrie et le Prince, étoient au comble. Tous les ressorts moraux étoient rompus. Consultez les Prussiens, il vous diront que la guerre de 1806, qui les a épuisés et presque anéantis, leur étoit nécessaire. Appauvris de vertu et d'énergie, ils furent écrasés sous le poids du colosse. Ce n'est qu'alors qu'il sont sortis de cette léthargie morale qui les tenoit assoupis. Le désespoir leur a donné la force de secouer leurs chaînes, et ils se sont relevés trempés d'une sève et d'une vigueur nouvelles. Avec leur antique vertu, ils ont recouvré leur indépendance. C'est ainsi que, d'un mal physique, qui n'est jamais sans remède, il résulte souvent un bien moral inappréciable. Les Français ne sauroient-ils pas s'assurer le même bienfait?

La dépendance de la presse et des journaux, selon le même auteur, fait qu'on n'ajoute guères foi à ce qui s'écrit en faveur du Gouvernement, parce qu'on croit toujours que c'est lui qui parle. Cela est possible; mais on en croit toujours quelque chose, parce qu'on ne lit jamais, on n'entend jamais un discours sans qu'il laisse quelques traces. Buonaparte étoit certes généralement haï; son gouvernement immoral, oppressif, n'étoit pas populaire, et les journaux étoient bien sous sa dépendance. On le savoit : on n'y avoit aucune confiance. Cependant, à force de redites, n'a-t-il pas trouvé le moyen d'égarer l'opinion; de faire croire les peuples à la nécessité des sacrifices qu'il exigeoit; de faire lever en masse plusieurs provinces ; de faire sortir de ses murs et d'envoyer à la bouche du canon la Garde nationale de Paris , qui étoit résolue à ne pas se défendre ? Si un Gouvernement odieux et dépopularisé a tiré d'aussi grands secours des journaux ; que n'en doit pas attendre celui qui , moral autant que légitime, et entouré de la confiance générale, s'en servira noblement , pour propager des idées saines et des principes bienfaisans. D'ailleurs , dans le système de la liberté absolue de la presse, il y aura des journaux de l'opposition et des journaux du parti ministériel ; et les premiers inspireront toujours plus de confiance, parce qu'ils se présenteront sous un aspect d'indépendance, tandis que les derniers seront soupçonnés d'être influencés , payés même par le Gouvernement. Si le dernier traité de paix n'a pas excité une satisfaction aussi complète qu'on auroit pu le désirer , ce n'est pas à la dépendance des journaux qu'on doit l'attribuer , mais bien à ce qu'il a été conclu sous nos yeux ; que les articles en étoient connus avant qu'il fût signé , ce qui a détruit tout l'effet de la surprise ; peut-être même aussi , parce qu'il nous faisoit renoncer à beaucoup de conquêtes, quoique chacun sût qu'on ne devoit guère s'attendre à les conserver. Quelque mauvaise que soit une cause , on espère toujours la gagner jusqu'au prononcé de la sentence. On sait , d'ailleurs , que dans le principe des négociations , les bruits de société avoient répandu beaucoup d'espérances qui se sont évanouies. Dans la réalité, le fait certain pour le vulgaire , c'est que Buonaparte avoit fait de vastes conquêtes , et que nous y renonçions. Le fait incertain, c'est qu'il eût été forcé , si l'on eût traité avec lui , à des concessions encore plus grandes. Le premier de ces faits devoit nécessairement frapper plus vivement que le dernier ; et si des journaux s'étoient appliqués à faire considérer le traité sous ce point de vue, comme des malveillans ont tenté de le faire par des pamphlets répandus sous le manteau ; ils eussent eu probablement plus de croyans que ceux qui se seroient rangés à l'avis contraire.

L'opinion forte que M. Benjamin de Constant désire, à bon droit, voir se créer en France, et dont il croit avoir trouvé le secret dans la libre émission de toutes les idées, n'y gagnera pas grand'chose, selon nous. L'unité en tout est le type et le terme de la perfection ; et le résultat de cette liberté sera de la rendre impossible, et d'en éloigner chaque jour davantage, en donnant à des cotteries de journalistes et de pamphlétaires, les moyens de distraire du centre d'opinions, du foyer d'idées indispensables à la marche du Gouvernement, un nombre considérable d'esprits. Ce n'est point par l'absence de toute liberté de la presse qu'on n'a point vu d'opinion formée en France, et que Paris a exercé, pendant la révolution, une si grande influence sur les provinces. Sans doute que s'il eût été permis d'écrire, on auroit pu créer une opinion publique, à côté de ce délire universel qui s'étoit emparé de la France, et qu'on en auroit peut-être arrêté les effets. Mais, dans ces temps de désordres, chaque faction, en devenant maîtresse à son tour, appesantissoit sur les peuples le joug d'une odieuse tyrannie, et ne supportoit aucun genre d'indépendance. Dans une révolution, lorsque l'autorité légitime a disparu, on ne sait que lui substituer. Les partis, toujours aux mains, se succèdent avec une telle rapidité, qu'avant que l'opinion soit fixée en faveur de l'un d'eux, la querelle est décidée, et tout se soumet à la faction victorieuse, faute de mieux. De là vient l'influence des capitales dans les pays où règne l'anarchie. Dans un état organisé, au contraire, la capitale exerce peu d'empire sur l'opinion ; tous les yeux se dirigent naturellement sur le centre du Gouvernement, et l'on peut dire que la capitale est réellement dans la résidence du souverain. La légitimité est la première des puissances, parce qu'elle est la seule qui tranche toutes les questions de droit. Aussi, dans le temps de nos plus grands troubles, sous le roi Jean, sous Charles VII, sous la Ligue, sous la Fronde, la monarchie courut des dangers, mais ne fut réellement jamais mise en question. C'est donner trop d'importance aux journaux que de supposer qu'ils sauvèrent l'Angleterre contre lord G. Gordon. L'Angleterre fut sauvée, parce que son roi légitime étoit présent et que tous les esprits se rallièrent autour de sa personne. Si Gordon eût eu affaire à Cromwell, il l'eût renversé; et si le prince Edouard eût pu pénétrer jusqu'à Londres, en 1746, il eût probablement fait une révolution, et auroit reconquis son héritage. Au reste, pendant la révolution, l'action de la tyrannie sur la capitale, et la réaction de celle-ci sur les provinces, n'ont pu empêcher qu'il se formât des partis puissans contre les usurpateurs, sans le secours des journaux. Lyon, la Vendée, les insurgés du Midi, ont souvent mis la république à deux doigts de sa perte.

« Si vous admettez la nécessité de réprimer la manifestation des opinions, dit M. Benjamin de Constant, en tant qu'opinions, il faut que la partie publique agisse judiciairement d'après des lois fixes, ou que vous établissiez des mesures prohibitives qui vous dispensent des voies judiciaires.

« Dans le premier cas, vos lois seront éludées; rien de plus facile à une opinion que de se présenter sous des formes tellement variées, qu'aucune loi précise ne la puisse atteindre. »

Cela est vrai, et comme cependant cette manifestation libre pourra donner lieu à des écarts menaçans pour la société, vous serez réduit à *tout défendre ou à fusiller.* J'aime à croire, quoique l'auteur ait dit précisément le contraire, qu'il préférera la censure préalable à l'échafaud.

Mais écoutons-le.

« Dans le second cas, si vous attribuez à l'autorité
» le droit de prohiber la manifestation des opinions,
» vous l'investissez du droit de déterminer leurs con-
» séquences, de tirer des inductions, de raisonner
» en un mot, et de mettre ses raisonnemens à la place
» des faits : c'est consacrer l'arbitraire dans toute sa
» latitude. »

En sorte que si, dans un écrit, vous prêchez la sédition, le brigandage ; l'autorité ne peut pas, sans devenir arbitraire, en tirer la conséquence que si on vous laisse faire, on se révoltera, et que la sûreté des individus et de la société entière est compromise.

Poursuivons.

« On diroit que les verbes impersonnels ont trompé
» les écrivains politiques. Ils ont cru dire quelque
» chose en disant : il faut réprimer les opinions des
» hommes; etc.... Toutes ces phrases se réduisent à
» dire : des hommes doivent réprimer les opinions des
» hommes ; des hommes doivent empêcher les hommes
» de se livrer aux divagations de leur esprit ; des hom-
» mes doivent préserver d'écarts dangereux la pensée
» des hommes. Ces verbes impersonnels semblent
» nous avoir persuadé qu'il y avoit autre chose que
» des hommes dans les instrumens de l'autorité. »

Nous l'avouons : cette manière de raisonner nous a paru, non pas nouvelle (on reconnoît l'école), mais étrange. Faudra-t-il donc toujours répéter qu'il éxistoit des lois avant qu'il existât des hommes ? De toute éternité une loi d'institution divine défend de tuer son père, parce que de toute éternité le genre humain fut une chose possible, et que cette possibilité entraînoit d'une manière absolue les principes nécessaires à sa conservation. La vérité est éternelle. *Deux et deux* ont toujours fait *quatre*, même avant qu'on fît des chiffres. Les lois primitives, prototypes, sont donc d'institution divine. Les lois écrites en sont émanées, ou sont absurdes et ne sont pas des lois. Les dépositaires de l'autorité, sans doute, sont des hommes ; mais lorsqu'ils parlent et agissent au nom de la loi, ils sont plus que des hommes. Ils peuvent être sujets à l'injustice, à l'erreur. C'est la suite de l'imperfection de leur nature. Mais les fonctions qu'ils remplissent n'en sont pas moins sacrées. Si vous ne croyez pas à Dieu, vous croyez à la société. Convenez alors que celui qui parle au nom de tous est supérieur aux individus, ou dites franchement qu'il ne faut pas de lois parce que les organes de la loi ne peuvent êtres que des hommes.

La censure, dites-vous, est arbitraire et tend à amener le despotisme. Nous avons établi que le despotisme naît d'un esprit de domination inné et d'une volonté opiniâtre qui s'irritent des obstacles et les surmontent. Les tyrannies de la Convention, du Directoire, de Buonaparte, nées malgré la liberté de la presse, le prouvent suffisamment. Si le Gouvernement est despotique et arbitraire, il se souciera peu de votre liberté. S'il ne l'est pas, elle est nuisible, puisqu'elle l'entrave et le met dans la nécessité de le devenir ou de succomber.

Si le Gouvernement est modéré et tolérant, la censure participera de sa tolérance. Nous voyons d'abord dans le projet de loi que les ouvrages d'une certaine étendue pourront être publiés sans l'intervention de la censure. La raison en est simple. Ces ouvrages exigent un travail considérable. C'est une première garantie que l'auteur n'y aura pas avancé des opinions pernicieuses et de nature à faire supprimer son livre, et qu'il ne se sera pas exposé ainsi à perdre le fruit de ses veilles, de ses dépenses, et le salaire qu'il en attendoit En second lieu, ces ouvrages exigeant une certaine aisance de la part de l'acquéreur, sont d'un débit moins facile, moins prompt, et concentré dans une certaine classe de la société où leur effet est moins à craindre. Les mêmes motifs ont déterminé la publication sans examen préalable de tous les livres écrits dans une langue morte ou étrangère.

Quant aux livres d'une moindre étendue ou aux pamphlets, ils devront être soumis à la censure. Les motifs de cette disposition sont faciles à déduire. Ces sortes d'ouvrages sont précisément ceux qu'une circonstance extraordinaire fait éclore, et qui peuvent donner subitement à l'opinion une direction dangereuse. Le repos de la société y est trop intéressé pour qu'on puisse les laisser multiplier sans connoissance de cause. Et l'on auroit droit de trouver bien hardie l'autorité que des considérations particulières détermineroient à l'effrayante reponsabilité d'une telle concession.

Toutefois si l'auteur d'un ouvrage interdit après l'examen des deux censeurs, se trouve lésé dans ses droits ; il a un recours assuré devant une commission composée de trois pairs et de trois députés, espèce de tribunal sur l'impartialité et l'indépendance duquel nous espérons qu'on n'élèvera point de doute.

La censure, dit-on, privera les corps de l'état des lumières nationales qui pourroient leur être d'un grand secours dans la discussion des lois. Nous ne voyons pas en quoi? Si les ouvrages par lesquels on veut éclairer les discussions législatives, sont de l'espèce de ceux que proscrira la censure, c'est-à-dire, séditieux, turbulents et sophistiques, nous ne pensons pas que les législateurs y puissent trouver beaucoup à prendre. Ils ne les liroient point. Nous ne saurions penser non plus, d'après le débordement d'écrits qu'ont occasionné la discussion de la constitution et la question qui nous occupe, que la censure déroge jamais à sa marche, jusqu'au point de suspendre la publication des ouvrages relatifs à une loi proposée, pendant la discussion de cette loi, sous prétexte qu'il faut en attendre l'issue, ni après sa promulgation, sous celui qu'on ne sauroit y revenir.

Si un particulier devient victime d'un abus d'autorité, nous ne croyons pas non plus que la censure l'empêche de s'en plaindre, pourvu que, malgré la juste indignation contre un ministre inique, il sache respecter l'autorité elle-même. Si toutefois le cas se présentoit, ce particulier n'a-t-il pas la faculté de dénoncer aux deux chambres, et le ministre auteur du dommage qu'il a essuyé, et le censeur qui s'en est rendu complice par sa partiale déférence ? A quel tribunal plus juste et plus désintéressé, peut-il vouloir recourir, si sa plainte n'est pas une calomnie et une diffamation ?

On a appuyé toutes les objections contre la censure par la considération de son inutilité. Si l'on ne peut imprimer librement, a-t-on dit, on imprimera en cachette; on fera imprimer à l'étranger des pamphlets que l'on importera en France, sans que le Gouvernement puisse l'empêcher ; Londres, Amsterdam, Genève, nous fourniront cette nature d'ouvrages, comme cela s'est déjà pratiqué avant la révolution, et ils exciteront d'autant plus de curiosité, qu'ils seront plus enveloppés de mystère et d'entraves. Nous ne pouvons encore tomber d'accord sur ces allégations ; car il ne nous est pas prouvé que la police ne parvienne à restreindre singulièrement cette librairie clandestine, et pour peu qu'elle le fasse, elle aura approché d'autant du but qu'elle doit se proposer. En second lieu, cette importation de livres est moins considérable qu'on ne le pense. Tous les livres marqués d'un millésime étranger, ne provenoient pas pour cela de l'étranger. On sait bien, au contraire, que la presque totalité étoit imprimée en France, presque sous les yeux de la police, qui, par une coupable condescendance, toléroit ces désordres, et a préparé de cette manière toutes nos infortunes. Si la police est bien faite, il arrivera très-peu de ces ouvrages d'origine étrangère; ils seront d'un débit et d'une recherche difficile. C'est la circonstance qui donne du prix aux ouvrages de circonstances ; ils arriveront après le moment de leur faveur et ayant perdu tout leur sel. D'ailleurs, pour la plupart des lecteurs, la commodité fait beaucoup. Tel qui se sera donné beaucoup de mouvement pour se procurer la lecture d'un pamphlet prohibé, obligé de l'attendre, se distraira de cette envie par une autre nouveauté, la perdra de vue et l'oubliera. En résultat, peu de personnes parviendront à se procurer de semblables lectures, et leur effet sera nul. Enfin, si malgré ses soins, l'autorité ne parvient point à obvier à tout inconvénient à ce sujet, elle n'aura pas à se reprocher de les avoir favorisés.

Si nous examinons la liberté de la presse dans ses rapports avec les individus, nous ne la trouverons pas moins funeste. C'est même sous ce point de vue qu'elle n'offre que des inconvéniens sans aucune espèce d'avantage. Tout le monde convient qu'il existe une agitation générale dans tous les rangs de la société. Si voisin encore d'un revirement politique qui dérange tous les projets, tous les calculs faits, et oblige à en établir sur des bases opposées; lorsque chacun a quelque perte à redouter ou quelque réclamation à faire, lorsqu'il n'est personne qui n'ait quelque grief à reprocher ou quelqu'action à taire ; que peut-il résulter de bon des récriminations auxquelles on veut ouvrir le champ? Les hommes n'ont-ils donc pas assez de moyens de se nuire ? Faut-il encore leur inventer de nouvelles armes ?

En Angleterre, on attaque en justice l'auteur d'un écrit diffamatoire. Mais en Angleterre aussi, on traduit sa femme devant les tribunaux pour cause d'adultère. Nos mœurs, notre caractère ne nous permettent pas une marche si mesurée. La réflexion n'arrive chez nous qu'après la vengeance. On donnera long-temps des coups de canne avant de penser à porter plainte devant le magistrat, et l'on suivra long-temps le chemin du bois de Boulogne avant d'avoir appris celui du tribunal. En admettant qu'on finisse par adopter cette méthode, la personne diffamée par un libelle, ne gagnera pas grand-chose à la condamnation de l'auteur. Vingt ans après le jugement qui l'aura flétrie, on répétera malignement: Mondor a été accusé, dans le temps, de concussion et d'infidélité; le pauvre auteur fut condamné ; mais Mondor ne s'en seroit pas tiré si heureusement, sans son crédit et la fortune qu'il s'étoit faite. Je ne répéterai pas qu'il y a du danger à détourner un peuple de son caractère naturel, quand il n'est pas vicieux, pour le ployer à des institutions d'un effet incertain: on appelle cela un sophisme; nous verrions toutefois avec regret les Français renoncer à leurs qualités, pour singer celles de leurs voisins, qui peut-être ne leur siéroient point. Nos vertus, à nous, sont indépendantes de la réflexion, elles partent du cœur. C'est la délicatesse, l'amour, le dévouement, la générosité, l'enthousiasme. Avec ce lot, il nous semble qu'on peut se consoler de n'être pas sage à la manière des Anglais.

Mais qui désire donc tant la liberté illimitée de la presse en France ? Les gens de lettres assurent que c'est la nation entière ; et si l'on n'y prenoit garde, ils finiroient par nous le persuader. Quant à nous, il nous paroît que quelques personnes sages la redoutent et que les autres sont indifférentes. Les gens du monde en effet doivent peu tenir à une prérogative dont la plupart ne sauroit user, et qui ne tente guère les autres. Parmi les personnes en nombre déjà fort borné qui ont les talens nécessaires pour écrire, il en est peu qui veuillent se détourner de leurs occupations ou de leurs plaisirs, pour prendre la plume ; si on en vient là, ce sera par le désir et le besoin de débrouiller la vérité à travers le chaos d'absurdités et de ténèbres qu'enfantera la liberté de la presse, à chaque circonstance importante qui se présentera. Pour ces personnes, la conversation est un moyen de faire connoître sa pensée plus simple, plus facile, moins gênant, et auquel elles regretteront d'être forcées de renoncer.

La liberté de la presse n'a donc de chauds partisans que parmi les gens de lettres. Les uns, nous nous plaisons à le croire, y tiennent par la confiance qu'ils ont à ses avantages. Mais combien y en a-t-il qui n'y voient qu'une innovation toute à leur profit, et qui leur assure une importance qui les flatte ? Combien en est il qui s'en font une spéculation, et qui trouvent expédient de la placer en position de se faire acheter par l'autorité à laquelle ils espèrent se rendre nécessaires, si elle vient à redouter qu'ils ne lui soient dangereux. Consultez les princes de notre littérature, les hommes qui ont réellement fait preuve d'un beau génie, les Bonnald, les Châteaubriand. Ils ne désirent pas la liberté de la presse. La pureté de leurs intentions les assure qu'ils n'ont rien à redouter de la censure.

Si des gens de lettres nous passons aux imprimeurs, nous verrons que les chefs de la typographie, ceux qui honorent leur art par leur conduite et la noblesse de leurs opérations, redoutent également, à peu d'exception près, la liberté de la presse. Lorsqu'un ouvrage a passé à la censure ministérielle et que l'auteur a obtenu de l'autorité la permission de le publier, l'imprimeur qui se charge de cette publication, est exempt de toute responsabilité et de toute crainte. Mais dans le système de la liberté de la presse, il en est tout autrement. Un imprimeur timide, un imprimeur vraiment honnête et citoyen, ne voudra pas, sans connoissance de cause, prêter son ministère à la publication d'un ouvrage qui pourroit l'exposer à des poursuites de la part du Gouvernement, à des reproches de la part de sa conscience. Il demandera la permission de l'examiner, et cet examen emploiera plus de temps et de tâtonnemens que celui de la censure ministérielle. L'auteur, pressé de se produire, reprendra son manuscrit et le portera d'imprimerie en imprimerie, jusqu'à ce qu'il ait trouvé un de ces hommes qui n'ont ni honneur à conserver, ni fortune à perdre, et qui sont toujours disposés à tout tenter par l'appât du moindre profit. A combien d'amendes, de sentences, de flétrissures, la nécessité de punir ne donnera-t-elle pas lieu ? La liberté de la presse fera la honte et la ruine du bel art de la typographie.

Nous terminerons par une observation qui ne nous paroît pas sans quelque valeur. Généralement, en France, on n'a jamais bien précisément établi la nature de deux puissances très-différentes l'une de l'autre, la police et la justice criminelle et correctionnelle, qui n'en est que le complément. La police est la gardienne de la morale du peuple et comme son institutrice. C'est elle qui doit le diriger au bien, l'écarter du mal : l'action de la justice ne commence que là où il y a à punir un délit que la première n'a pu empêcher. Une police morale est le premier besoin des peuples, et surtout des Français. Jusqu'ici ce nom n'a inspiré que de l'horreur et de l'épouvante; mais lorsque, sous un Gouvernement juste et légitime, elle aura été ramenée à sa noble institution, nous n'aurons plus qu'à le bénir. Il résulte de-là que loin de chercher des coupables et d'engager en quelque sorte les hommes à se rendre tels, sous le prétexte qu'on se réserve le moyen de punir, on devroit au contraire détruire toute la latitude du mal, et épargner à la société la cruelle obligation de se venger sur elle-même. L'action de la police est préservatrice, celle de la justice destructive et sanglante. Nos places publiques seront sans cesse arrosées du sang des coupables, tant qu'on cherchera à étendre les attributions de la seconde aux dépens de celles de la première.

FIN.

www.ingramcontent.com/pod-product-compliance
Lightning Source LLC
Chambersburg PA
CBHW070442080426
42451CB00025B/1243